Selected poems of Kazi Nazrul Islam

কাজী নজরুল ইসলামের নির্বাচিত কবিতা

Translated by
Syed Mujibul Huq

First Edition - 1983
Published by
Yasmin Huq
12, Ispahani Park
Maghbazar, Dhaka

Second Edition - 1998
BILINGUAL

Published by :
Bangladesh Youth and Cultural Shomiti
30-32 Biddulph Street
Leicester LE2 1BF
United Kingdom
Tel : 44 116 247 1866 Fax : 44 116 254 5050
e-mail : BYCS@Compuserve.Com
Registered Charity No. 1060522

Publication Co-ordinator :
Dr. Shofiqul Islam Chowdhury
B.Sc.Chem.Eng.(BUET), Dip.Prod.Eng.(Newcastle),
M.Sc.(Salford), Ph.D. (Nottingham)

Distributor in Europe :
Ruposhi Bangla Ltd.
220 Tooting High Street
London SW17 OSG
Tel : 44 181 672 7843 & 44 181 682 1718
Fax : 44 181 767 9214
e-mail : ruposhi.bangla@btinternet.com

Cover designed by :
Asem Ansari

Printed at :
BRAC Printers
66 Mohakhali C. A.
Dhaka-1212, Bangladesh

All rights reserved by the publisher - 1998

Price : Bangladesh : Tk. 75.00 / U.K : £ 4 / U.S.A : $ 6

ISBN 0 953410501

For Habiba

Contents		Page
Foreword	... ...	7
Preface	... ...	9
Hope	... ...	11
Secret lover	... ...	13
Poverty	... ...	18
Evening star	... ...	29
Gloomy	... ...	31
Song	... ...	34
Resurrection	... ...	36
Song	... ...	38
The advent	... ...	40
Behind the song	... ...	42
Life	... ...	47
Memory of parting	... ...	49
My desire	... ...	51
Adorn her	... ...	53
The victor	... ...	55
Forget me	... ...	57
My river	... ...	59
Farewell	... ...	61
Dismal night	... ...	65
The queen of poets	... ...	67
Some forget	... ...	69
Why (song)	... ...	72
Coward	... ...	74
March forward on	... ...	82
Khayyam's lyrics	... ...	84
Acknowledgement	... ...	86
Glossary of Bangla words	... ...	87

FOREWORD

Essentially, Kazi Nazrul Islam is a poet of sorrow though not of sadness. The distinction is imperative. For whereas he knows of human misery and suffering, and has indeed, suffered much as he tells us in his extraordinarily large corpus of writing produced during a career of creativity that did not last more than two decades, being cut short by the attack of an incurable ailment, he refused to give in. And there is even in his most melancholy pieces, a very lively, often irrepressible, quality of vitality, of joy, indicative of both sensitivity and responsiveness. He does not withdraw, nor does he wither. Syed Mujibul Huq's translation in this short volume presents Nazrul Islam in his characteristic romantic treatment of sorrows the poet had known and suffered.

Nazrul Islam has been called the rebel poet of Bengal. The title is neither undeserved nor accidental, for he deserved it eminently. He has been uncompromising in his often loud, and always public, rebelliousness. But this rebellion is not an act he enjoyed. The truth is, as he himself has pointed out, that the act was forced upon him by the adverse circumstances in which he lived, by the intolerable misery and injustice he saw all around him. True, he had rebelled with great zeal and enthusiasm, but as one reads his lines, one feels that he would have loved to live in a quiet world where the war he fought would have been unnecessary.

That he refused to surrender is indicative of the enormous reserve of liveliness within him. And it was this liveliness, this vitality, to put it differently, that informs every line that Nazrul Islam wrote. He remains a poet of sorrow but does not become a melancholy poet. Even in his dejection there remains a vital communicativeness that is sprightly.

The poems Syed Mujibul Huq has chosen for rendering into English do not speak of the poet's rebelliousness. They represent the other Nazrul Islam, the one that loved, responded to the beauty of nature, and suffered the agonies of unfulfilment, loneliness and yearning for the beyond. But there is no contradiction or even separation between the two aspects of the poet. For they are united by the same liveliness of imagination as also by an identical sense of beauty. Thus here in these translated pieces he is, as everywhere else, simple, sensuous and full of passion.

All said and done, poetry is untranslatable. As Robert Frost once tellingly remarked, it is the poetry that gets lost in translation. One can handle the meaning of a poem, as one must, but one finds that the meaning does not lie apart from the music. Nazrul Islam is musical almost in the sense that Swinburne was. He is full of alliteration and assonance and takes great delight in verbal felicity. The spontaneous outburst of feelings find for themselves appropriate words and images, rich in nuances, associations and connotations which it is impossible to render into a different language, and for that matter, a language like English whose genius is so very different from that of Bengali. Nazrul Islam's rhythms also remain inimitable.

Syed Mujibul Huq has achieved remarkable success in his difficult undertaking. In each of the pieces chosen, he has offered his own interpretation, which is an obligation of a good translator. What is more, the poems read like independent and organic pieces, without losing their faithfulness to the originals. The way he captures the rhythmical pattern of the poems is outstanding. The reading of the twenty-five poems in this volume would give even an uninitiated reader an understanding of the poet that Nazrul Islam was, together with the pleasure of reading genuine poetry.

Serajul Islam Chowdhury
Department of English
Dhaka University, Dhaka
August 3, 1998

PREFACE

A rebel and a humanist, a romantic and a realist, Kazi Nazrul Islam is undoubtedly one of the greatest Bengali poets. He created a form of his own, at once versatile and boldly imaginative, for expressing his varying moods of rebellion and love—mystical and sublime.

Nazrul's greatness lies in his ability to imbibe the spirit of his age and in his role as the <u>avant garde</u> of the new epoch of Bengali poetry. The result was the creation of some of the most powerful poems which shook the whole edifice of falsehood and tyranny, oppression and exploitation that engulfed his people.

Nazrul blazed a trial in the socio-political domain of Bengal and his messages expressed in fiery words and the magical lure of his rhythmical verses stirred the people to fight for their rights and aspirations. He became an idol of millions and a poet-hero ranking with such great poets as Walt Whitman-- "the voice of the common man".

His bitterness at the subjugation of his people in British India and his love for the oppressed and downtrodden was so real and intense that he could not content himself with the fierce out-pour of his heart in words only. He soon joined the gallant fighters for freedom from subjugation and exploitation, edited revolutionary journals, all of which eventually landed him in prison. A heightened spirit and a total identification with the cause of liberation enabled him to produce some of the most fiery and tempestuous poems enshrining the intense agony of his rebellious heart. These poems undoubtedly class him with Pablo Neruda and Nazim Hikmet.

Nazrul, however, was more than a rebel. His boundless wealth of imagination produced some of the noblest and most passionate love lyrics. These will be cherished as the profoundest creations in the realm of poetry in Bengali language.

Like Rabindranath Tagore, Nazrul had also written and composed more than 2,000 songs which are timeless creations and shall provide an enduring source of joy and inspiration to lovers of Bengali music.

The striking affinity between Nazrul and Rabindranath, two of the greatest poets of Bengal, may be attributed to the kindred spirit of great minds, or more aptly to that great heritage of mystical romanticism which cherishes truth, beauty and transcendental love.

Amidst the tumultuous upheavals of our time, which Nazrul himself once kindled with the flame of his rebellious spirit, men pause to hear and respond to the serene and resonant love songs which the poet created to assuage his embittered soul.

Born in 1899 in a poor family, Nazrul was deprived of conventional schooling owing to the poverty of his parents, and his own unsettled nature. The poet stands out as an index of man's indomitable urge for creative expression which no fetters can thwart.

A Muslim by birth and also by faith, Nazrul glorified the true spirit of his religion, in his poems while he launched a relentless tirade against the sham and fanaticism in the name of religion.

In the literary arena of Bengal, Nazrul strode like a colossus for a brief period of 20 years. In 1942, he was struck with cerebral paralysis which silenced this "master spirit" for all time to come. The poignancy of the tragedy was heightened by his survival until 1976 in a state of total paralysis, unaware that he was the most loved and revered person in his country.

Many of Nazrul's poems, as of others of his rank, are difficult to translate in any other language and form. Out of a large number of poems taken up by me, I have only presented those which I have found to have conveyed words and _idee-force_ of the original poems in the literal sense of the terms. I have also endeavoured to translate in the verse form, in my efforts to retain, as far as possible, the rhythm-pattern without any omissions or interpolations.

12 ISPAHANI PARK   Syed Mujibul Huq
MAGHBAZAR, DHAKA
1st May 1983

Hope

Perhaps we shall meet,
Where the bending sky kisses
The green wilderness.

Yonder, in the village field
On the ridges or the desolate quay
Perhaps you shall come smiling
And clasp my arms.

Your unveiled glances,
In that impervious blue
Bring the secret message
From the southern breeze.

In the chinks of wilderness,
Oh dear,
Your gentle kisses on my eyes
Remain enshrined
In the horizon's golden hue.

আশা

হয়ত তোমার পাব দেখা,
যেখানে ঐ নত আকাশ চুমছে বনের সবুজ রেখা।।

ঐ সুদূরের গাঁয়ের মাঠে
আ'লের পথে বিজন ঘাটে,
হয়ত এসে মুচকি হেসে
ধ'রবে আমার হাতটি একা।।

ঐ নীলের ঐ গহন পারে ঘোম্‌টা হারা তোমার চাওয়া
আনলে খবর গোপন দূতী দিক্‌পারের ঐ দখিন হাওয়া।।

বনের ফাঁকে দুষ্টু তুমি
আস্তে যাবে নয়না চুমি,
সেই সে কথা লিখ্‌ছে হোথা'
দ্বিগ্বলয়ের অরুণ-লেখা।।

(ছায়ানট)

Secret lover

Though lost, yet I love thee
Oh dear,
Between the two shores of the sea
A whisper I hear.

Me on this shore,
You on the other,
In between weeps
A formidable tether.

The shadow of a tree
Beckons me from the shore,
I am a desert,
The gentle touch of shade
I do abhor.

We have never known,
Nor have we met each other.
I have hopes in my heart,
In you, there is fear.

When the wind beats
The waves break on your feet ;
But never shall my waves
Harm your shore --

They erode only my bank,
Not yours any more.

Dear love,
I have never been near you.
A song-bird,
I sat on the branch
For a day or two.

After the songs
When I shall part,
Shall my songs dwell
In your heart ?

The bird will be gone
But cadences will remain ;
I shall fly high,
You will cry in vain.

That once my waves
On your shore did ring,
No one shall know,
No one shall sing.

When I fly so high
If a feather comes nigh,
Wear it in your tresses
In sheer forgetfulness.

But, do not fear,
For some day
It will also disappear.

Like me in one of those
Rain-soaked morns,
Will you drip
Oh my pine, alone ?
And kiss me in imagination,
In your midnight fascination.
And wake up from a trance
With random thoughts
To weep with the clouds
Oh my Swallow ?

My love,
I weep, for I shall not
Find you any more.
The waves rumble,
For they never get off the shore.

To possess you is to
Banish the flute,
And to invite the death
Total and absolute.

My bosom is full
For I have been denied,
The flute is melodious
For it is empty inside.

গোপন-প্রিয়া

পাইনি ব'লে আজো তোমায় বাস্‌ছি ভালো, রানি
মধ্যে সাগর, এ-পার ও-পার, কর্‌ছি কানাকানি !
    আমি এ-পার তুমি ও-পার,
    মধ্যে কাঁদে বাধার পাথার,
ও-পার হ'তে ছায়া-তরু দাও তুমি হাত্‌ছানি,
আমি মরু, পাইনি তোমার ছাওয়ার ছোঁওয়া-খানি।

নাম-শোনা দুই বন্ধু মোরা, হয়নি পরিচয়।
আমার বুকে কাঁদ্‌ছে আশা, তোমার বুকে ভয়।
    এই-পারী ঢেউ বাদল-বায়ে
    আছ্‌ড়ে পড়ে তোমার পায়ে,
আমার ঢেউ-এর দোলায় তোমার কর্‌ল না কূল ক্ষয়,
কূল ভেঙেছে আমার ধারে—তোমার ধারে নয় !

চেনার বন্ধু, পেলাম্‌ নাক জানার অবসর।
গানের পাখী বসেছিলাম দু'দিন শাখার 'পর।
    গান ফুরালে যাব যবে
    গানের কথাই মনে রবে,
পাখী তখন থাক্‌বে নাক - থাক্‌বে পাখীর স্বর
উড়ব আমি, কাঁদ্‌বে তুমি ব্যথার বালুচর!

তোমার পারে বাজ্‌ল কখন্‌ আমার পারের ঢেউ,
অজানিতা! কেউ জানে না, জান্‌বে নাক কেউ।
    উড়্‌তে গিয়ে পাখা হ'তে
    একটি পালক পড়্‌লে পথে
ভুলে প্রিয় তুলে যেন খোঁপায় গুঁজে নেও!
ভয় কি সখি ? আপ্‌নি তুমি ফেল্‌বে খুলে এ-ও!

বর্ষা-ঝরা এম্‌নি প্রাতে আমার মত কি
ঝুরবে তুমি একলা মনে, বনের কেতকী ?
মনের মনে নিশীথ-রাতে
চুম্‌ দেবে কি কল্পনাতে ?
স্বপ্ন দেখে উঠ্‌বে জেগে, ভাব্‌বে কত কি !
মেঘের সাথে কাঁদ্‌বে তুমি, আমার চাতকী !

দূরের প্রিয়া! পাইনি তোমায় তাই এ কাঁদন-রোল !
কূল মেলে না, - তাই দরিয়ায় উঠতেছে ঢেউ-দোল !
তোমায় পেলে থাম্‌ত বাঁশী,
আস্‌ত মরণ সর্বনাশী।
পাইনিক তাই ভ'রে আছ আমার বুকের কোল।
বেণুর হিয়া শূন্য ব'লে উঠ্‌ছে বাঁশীর বোল।

Poverty

Oh poverty thou hast
Made me great,
Bestowed upon me
The honour of Christ --
A thorny hallowed crown --
The courage of fearless expression
With a naked, insolent frown
And a biting speech.
Thy curse has transformed
My *Been* into a sword.

Your blazing flame
Oh, proud eremite
Has turned my gold into dross,
Dried up my beauty
And pleasure of life
Before it was ripe.

Whenever I stretch
My feeble hands
For bounties of beauty,
You devour, ye hungry devil,
Leaving to my imagination
Dreary, desert sand.

My eyes cast fiery looks
On my dearest ones,
My desires awaiting to blossom
Are pale with pain,
Like the drooping *Shefali.*

You, heartless like a wood-cutter,
You tear asunder
The tender twigs of love.
Like the autumn morn
Moist with dew
My heart melts in pity.

In this translucent world
Oh sun, you scorch
The nebulous drops of love
And I grow languid
Under the benign
Shadow of the earth.
My dreams of beauty
And the joy of happiness
You shatter over and over again.

In a bitter venomous voice
You say, "Of what use is nectar in life ?"
Bereft of distress and inebriation --
This quest for heavenly manna
Is not thy mission,
In this sorrowful earth.

"You are a serpent
Born out of ashes of pain,
You will wreathe a garland
Sitting on a thorny bed
With marks of pain
Impressed upon your forehead."

I wreathe, I sing,
My throat burns,
A cluster of serpents
All over my body stings.

Wandering from door to door
With a beggar's bowl
You shatter a couple's
Abode of happiness
And sternly call out --
"This earth is no garden of pleasure,
Here, sorrow, separation
And wants abound,
Thorns lie underneath the bed
And the loving arms of beloveds ;
So must you endure."

Unawares, darkness descends
On the heavenly bliss
And I wail through
An unending night of destruction.

A hungry lean skeleton
Walks on and suddenly frowns ;
His looks spell disaster.
Then comes pestilence,
Famine and cyclone.
They destroy palaces,
And gardens of pleasure.
Death and annihilation
Are the only dispensations.

Modesty is not thy virtue
You seek shameless
Display of utter nakedness,
Without falter and hesitation
Raising the lowly head.

Those awaiting death,
At your behest
Put their necks in the gallows
With a smile.
Perpetual wants smouldering
In their bosoms
They invite death
With devilish delight
And pull down to dust
The crown of *Lakshmi*.

On your violin
What tune do you wish to try ?
All your notes transform
Into a heart-rending cry.
Yesterday, at early dawn
A plaintive note of the *Sanai* I heard,
For those who had not
To their homes returned.

With the tunes of *Sanai*
The heart of the bride
Floats into distant lands
Where her beloved
Is in sojourn. Oh dear,
Why wipe the collyrium
And the tears ?

This morning again
I heard the heart-rending cry
Of the same *Sanai*.
The melancholy *Shefalikas* wither
Like the tender smile of a widow.
The butterfly dances

With brisk strokes of its wings,
Out of unruly inebriation,
Pertly smearing kisses on flowers,
And yellow pollen
On the wings of bees
Laden with honey.

As if a new life has ushered
All around myself.
Songs of the advent of joy
Wring out of my bosom.
To my own bewilderment,
Tears roll down my cheeks
For no reason ;
I perceive a new bond of union
With my mother earth.
Her dusty hands
Full with flowers
Make supplication to me
As if she were
My youngest daughter *Dulali*.

Suddenly I wake up
From the reverie ;
Oh my child, my delight !
You wept through
A sleepless night
In my abode,
Hungry and starved.
Not a drop of milk
I could offer thee.
What right have I to rejoice ?
Lo ! at my door step
Poverty, transformed
Into my child and spouse,

Is in perpetual tears.

Who will play that tune ?
Who will stoop to offer
The pleasure of a joyful smile
And the nectar of a flower ?

I have poured the sap
Of my eyes
In this *Dhutura* glass
For a drink to the lees.

The same invocation
Of *Sanai* I hear
As if it wails --
All is gone, for ever.

দারিদ্র্য

হে দারিদ্র্য, তুমি মোরে করেছ মহান !
তুমি মোরে দানিয়াছ খ্রীষ্টের সম্মান
কন্টক-মুকুট শোভা। - দিয়াছ, তাপস,
অসঙ্কোচ প্রকাশের দুরন্ত সাহস ;
উদ্ধত উলঙ্গ দৃষ্টি ; বাণী ক্ষুরধার,
বীণা মোর শাপে তব হ'ল তরবার !

দুঃসহ দাহনে তব হে দর্পী তাপস,
অম্লান স্বর্ণেরে মোর করিলে বিরস,
অকালে শুকালে মোর রূপ রস প্রাণ !
শীর্ণ করপুট ভরি' সুন্দরের দান
যতবার নিতে যাই - হে বুভুক্ষু তুমি
অগ্রে আসি কর পান ! শূন্য মরুভূমি
হেরি মম কল্পলোক। আমার নয়ন
আমারি সুন্দরে করে অগ্নি বরিষণ

বেদনা হলুদ-বৃন্ত কামনা আমার
শেফালির মত শুভ্র সুরভি-বিথার
বিকশি উঠিতে চাহে, তুমি হে নির্মম
দলবৃন্ত ভাঙ শাখা কাঠুরিয়া সম !
আশ্বিনের প্রভাতের মত ছলছল
ক'রে ওঠে সারা হিয়া, শিশির সজল

টলটল ধরণীর মত করুণায় !
তুমি রবি তব তাপে শুকাইয়া যায়

করুণা-নীহার-বিন্দু ! ম্লান হ'য়ে উঠি
ধরণীর ছায়াঞ্চলে ! স্বপ্ন যায় টুটি
সুন্দরের, কল্যাণের। তরল গরল
কণ্ঠে ঢালি তুমি বল, 'অমৃতে কি ফল ?'
জ্বালা নাই নেশা নাই নাই উন্মাদনা, –
রে দুর্বল, অমরার অমৃত-সাধনা
এ দুঃখের পৃথিবীতে তোর ব্রত নহে !
তুই নাগ, জন্ম তোর বেদনার দহে।
কাঁটা-কুঞ্জে বসি তুই গাঁথিবি মালিকা,
দিয়া গেনু ভালে তোর বেদনার টিকা !'

গাহি গান, গাঁথি মালা, কণ্ঠ করে জ্বালা,
দংশিল সর্বাঙ্গে মোর নাগ-নাগবালা !.....

ভিক্ষা-ঝুলি নিয়া ফের দ্বারে দ্বারে ঋষি
ক্ষমাহীন হে দুর্বাসা ! যাপিতেছে নিশি
সুখে বর-বধূ যেথা - সেখানে কখন্
হে কঠোর-কণ্ঠ গিয়া ডাক, - 'মূঢ়, শোন্,
ধরণী বিলাস-কুঞ্জ নহে নহে কারো,
অভাব বিরহ আছে আছে দুঃখ আরো
আছে কাঁটা শয্যাতলে বাহুতে প্রিয়ার,
তাই এবে কর্ ভোগ !' - পড়ে হাহাকার
নিমেষে সে সুখ-স্বর্গে, নিবে যায় বাতি,
কাটিতে চাহে না যেন আর কাল-রাতি !

চল-পথে অনশন-ক্লিষ্ট ক্ষীণ তনু,
কী দেখি বাঁকিয়া ওঠে সহসা ভ্রু-ধনু,

দু'নয়ন ভরি রুদ্র হান অগ্নি-বাণ,
আসে রাজ্যে মহামারী দুর্ভিক্ষ তুফান,
প্রমোদ-কানন পুড়ে, উড়ে অট্টালিকা -
তোমার আইনে শুধু মৃত্যু-দন্ড লিখা !

বিনয়ের ব্যভিচার নাহি তব পাশ,
তুমি চাহ নগ্নতার উলঙ্গ প্রকাশ ;
সঙ্কোচ সরম বলি জাননাক' কিছু,
উন্নত করিছ শির যার মাথা নীচু ।
মৃত্যু-পথ-যাত্রীদল তোমার ইঙ্গিতে
গলায় পরিছে ফাঁসি হাসিতে হাসিতে !
নিত্য অভাবের কুন্ড জ্বালাইয়া বুকে
সাধিতেছে মৃত্যু-যজ্ঞ পৈশাচিক সুখে !

লক্ষ্মীর কিরীটি ধরি ফেলিতেছ টানি
ধুলিতলে। বীণা-তারে করাঘাত হানি
সারদার, কী সুর বাজাতে চাহ গুণী ?
যত সুর আর্তনাদ হ'য়ে ওঠে শুনি !

প্রভাতে উঠিয়া কালি শুনিনু, সানাই
বাজিছে করুণ সুরে ! যেন আসে নাই
আজো কা'রা ঘরে ফিরে ! কাঁদিয়া কাঁদিয়া
ডাকিছে তাদেরে যেন ঘরে 'সানাইয়া' !
বধূদের প্রাণ আজ সানায়ের সুরে
ভেসে যায় যথা আজ প্রিয়তম দূরে
আসি আসি করিতেছে! সখি বলে, বল্
মুছিলি কেন লা আঁখি মুছিলি কাজল ?....

শুনিতেছি আজো আমি প্রাতে উঠিয়াই
'আয় আয়' কাঁদিতেছে তেমনি সানাই।
ম্লানমুখী শেফালিকা পড়িতেছে ঝরি !
বিধবার হাসি সম - স্নিগ্ধ গন্ধে ভরি !
নেচে ফেরে প্রজাপতি চঞ্চল পাখায়
দুরন্ত নেশায় আজি, পুষ্প-প্রগল্‌ভায়
চুম্বনে বিবশ করি' ! ভোমোরার পাখা
পরাগে হলুদ আজি, অঙ্গে মধু মাখা।

উছলি' উঠিছে যেন দিকে দিকে প্রাণ !
আপনার অগোচরে গেয়ে উঠি গান
আগমনী আনন্দের ! অকারণে আঁখি
পু'রে আসে অশ্রু-জলে ! মিলনের রাখি
কে যেন বাঁধিয়া দেয় ধরণীর সাথে !
পুষ্পাঞ্জলি ভরি' দুটি মাটি-মাখা হাতে
ধরণী এগিয়ে আসে দেয় উপহার।
ও যেন কনিষ্ঠা মেয়ে দুলালী আমার !—
সহসা চমকি উঠি ! হ'য়ে মোর শিশু
জাগিয়া কাঁদিছ ঘরে, খাওনিক' কিছু
কালি হ'তে সারাদিন তাপস নিঠুর,
কাঁদ মোর ঘরে নিত্য তুমি ক্ষুধাতুর !

পারি নাই বাছা মোর, হে প্রিয় আমার,
দুই বিন্দু দুগ্ধ দিতে ! - মোর অধিকার
আনন্দের নাহি নাহি ! দারিদ্র্য অসহ
পুত্র হ'য়ে জায়া হ'য়ে কাঁদে অহরহ
আমার দুয়ার ধরি কে বাজাবে বাঁশি ?
কোথা পাব আনন্দিত সুন্দরের হাসি ?

কোথা পাব পুষ্পাসব ? - ধুতুরা-গেলাস
ভরিয়া করেছি পান নয়ন নির্য্যাস !

আজো শুনি আগমনী গাহিছে সানাই,
ও যেন কাঁদিছে শুধু - নাই কিছু নাই !

(সিন্ধু-হিন্দোল)

Evening star

Oh, dear evening star
Whose bride art thou with veils,
In the glances of your eyes,
Whose forgotten face dwells ?

Evening lamp, with a veil to hide,
And casting glances at this bride,
Though often her looks quiver,
This goes on for ever.

Whose lost bride is she ?
At dusk, mute and beside me,
To arouse the yearning for a home,
In the heart of a homeless wanderer.

Perpetually you rise and sink,
With a tender pallid wink,
For whom, you heavenly bride ?
Where does your beloved abide ?

সন্ধ্যাতারা

ঘোমটা পরা কাদের ঘরের বউ তুমি ভাই সন্ধ্যাতারা ?
তোমার চোখের দৃষ্টি জাগে হারানো কোন্ মুখের পারা ।।

    সাঁঝের প্রদীপ আঁচল ঝেঁপে
    বঁধুর পথে চাইতে বেঁকে
    চাউনিটি কার উঠ্‌ছে কেঁপে
        রোজ সাঁঝে ভাই এমনি ধারা ।।

কার হারানো বধূ তুমি অস্তপথে মৌন মুখে
ঘনাও সাঁজে ঘরের মায়া গৃহহীনের শূন্য বুকে ।

    এই যে নিতুই আসা যাওয়া
    এমন করুণ মলিন চাওয়া,
    কার তরে হায় আকাশ-বধূ
        তুমিও কি আজ প্রিয়-হারা ।।

    (ছায়ানট)

Gloomy

The forlorn traveller muses
At the end of the day
He has to traverse
A long long way.

"Come home" the evening
Beckons to all.
No not you
This is not your call.

The traveller makes the road
His own abode.

The forlorn traveller ponders,
Who has need for him,
He wonders.

The shadow of the forest
With love so deep,
Smears darkness
On the hair of the nymph.

To be lured into
The realm of clouds,
From the mountain
Descends the fountain.

With the light,
Comes the thought
Of the lovely night
And a mysterious fear of joy hides
In the heart of the bride.

The lonely singer
Will now sing
The song of solitude.

Suddenly he loses the way
In the dark dungeon
Of mysterious gloom.
His longing now wails
In the distant stars.

Will he find the path ever ?
Ponders the forlorn traveller.

পথহারা

বেলা-শেষে উদাস পথিক ভাবে
সে যেন কোন্ অনেক দূরে যাবে -
উদাস পথিক ভাবে।

'ঘরে এস' সন্ধ্যা সবায় ডাকে,
'নয় তোরে নয়' বলে একা তাকে ;
পথের পথিক পথেই ব'সে থাকে,
জানে না সে - কে তাহারে চাবে !
উদাস পথিক ভাবে।

বনের ছায়া গভীর ভালবেসে
আঁধার মাথায় দিগ্‌বধূদের কেশে,
ডাক্‌তে বুঝি শ্যামল মেঘের দেশে
শৈলমূলে শৈলবালা নাবে -
উদাস পথিক ভাবে।

বাতি আনে রাতি আনার প্রীতি,
বধূর বুকে গোপন সুখের ভীতি,
বিজন ঘরে এখন যে গায় গীতি,
একলা থাকার গানখানি সে গাবে -
উদাস পথিক ভাবে।

হঠাৎ তাহার পথের রেখা হারায়
গহন ধাঁধার আঁধার-বাঁধা কারায়,
পথ-চাওয়া তার কাঁদে তারায় তারায়
আর কি পূবের পথের দেখা পাবে -
উদাস পথিক ভাবে।

(দোলন-চাঁপা)

Song

Half of the world is dark,
The other half has light --
It heralds the dawn of
Someone's sorrowful night.

Half is hard earth,
The other half is water ;
Half is full of thorn,
The other half is flower.

Half is melody,
The other half is wine,
Half abounds in hope --
Lonely hearts pine.

Half remains hidden,
The other half is known ;
Half is full of love,
The other half disown.

Half of it is dawn,
The other half is twilight ;
Half of it is dew,
And a moiety sunlight.

তিলক-কামোদ-পিলু- কাওয়ালী

আধো ধরণী আলো আধো আঁধার।
কে জানে দুখ–নিশি পোহাল কার।।

আধো কঠিন ধরা আধেক জল,
আধো মৃণাল–কাঁটা আধো কমল।
আধো সুর, আধো সুরা – বিরহ, বিহার।।

আধো ব্যথিত বুকের আধেক আশা,
আধেক গোপন আধেক ভাষা !
আধো ভালবাসা আধেক হেলা
আধেক সাঁঝ আধো প্রভাত–বেলা
আধো রবির আলো – আধো নীহার।।

Resurrection

Wake up
You captives of hunger, arise.
You harassed, down-trodden masses,
Spell thunder at the oppressors --
The stirred voices of the sufferers cry.

A new world reborn
Is soon to dawn.

These fetters of ancient scriptures
Wrought this utter ruin ;
Come, let us break in,
Shattering the devil's dungeon.

Wake up,
Ye, hapless masses, arise,
So that no one beneath
The feet of others lies.

On a new foundation
A young world shall dawn.
Listen, you tyrant !
Listen, you rich !
Though destitutes,
Through the war,
Our rights
We shall recover
With the unity of sufferers
All the world over.

অন্তর ন্যাশনাল-সঙ্গীত

জাগো –
    জাগো অনশন-বন্দী, ওঠরে যত
    জগতের লাঞ্ছিত ভাগ্যহত !
যত অত্যাচারে আজি বজ্র হানি
হাঁকে নিপীড়িত-জন-মন-মথিত বাণী,
নব জনম লভি অভিনব ধরণী
    ওরে ওই আগত ।।

আদি শৃঙ্খল সনাতন শাস্ত্র-আচার
মূল সর্বনাশের, এরে ভাঙিব এবার !
    ভেদি দৈত্য-কারা
    আয় সর্বহারা !
কেহ রহিবে না আর পর-পদ-আনত ।।

কোরাস : –
    নব ভিত্তি 'পরে
নব নবীন জগৎ হবে উত্থিত রে !
শোন্ অত্যাচারী ! শোন্ রে সঞ্চয়ী ।
    ছিনু সর্বহারা, এই সংগ্রাম-মাঝ
ওরে সর্বশেষের এই সংগ্রাম-মাঝ ।
নিজ নিজ অধিকার জুড়ে দাঁড়া সবে আজ !
এই "অন্তর-ন্যাশন্যাল-সংহতি" রে
    হবে নিখিল-মানব-জাতি সমুদ্ধত ।।

(ফণি-মনসা)

Song

The heart declines to part
Yet I must depart.

The breeze entreats the flower
Yet it must wither.

The sweet night shall not wait
I wreathe the garland yet.

Over the flowers you stroll
Yet on your feet the garlands roll.

Enduring the prick of thorn
The flower of agony is born.

With the thorns in my core
I weep on the sea shore.

When you will be on sojourn,
I, in the blue sky afar,
I shall keep awake for you
In the distant new star.

খাম্বাজ-দাদ্‌রা

   ছাড়িতে পরান নাহি চায়
     তবু যেতে হবে, হায় !
   মলয়া মিনতি করে
     তবু কুসুম শুকায়।।

   র'বে না এ মধু-রাতি
   জানি তবু মালা গাঁথি,
মালা চলিতে দলিয়া যাবে
     তবু চরণে জড়ায়।।

   যে-কাঁটার জ্বালা সয়ে
   ফোটে ব্যথা ফুল হয়ে,
আমি কাঁদিব সে কাঁটা লয়ে
     নিশীথ-বেলায়।।

তুমি র'বে যবে পরবাসে,
   আমি দূর নীলাকাশে
   জাগিব তোমারি আশে
     নূতন তারায়।।

The advent

My bosom is full to the brim
With a song
For my love will today
Come.
Smearing dreams on her
Golden wings,
The flamingo of my heart in the
Sky swings.

Walking with her painted feet
Over the petal-strewn street,
My love will today
Come.

The lofty mountain
Reclines on the cloud
And the swans fly all around.

The eyes inebriate
Out of light and shade
And the wind blows
With a fragrance strong
For my love will today
Come.

বেহাগ ও বসন্ত – একতালা

ভরিয়া পরান শুনিতেছি গান
        আসিবে আজি বন্ধু মোর !
স্বপন মাখিয়া সোনার পাখায়
        আকাশে উধাও চিত-চকোর।
        আসিবে আজি বন্ধু মোর।।

হিজল-বিছানো বন-পথ দিয়া
রাঙায়ে চরণ আসিবে গো পিয়া।
নদীর পারে বন-কিনারে
        ইঙ্গিত হানে শ্যাম কিশোর।
        আসিবে আজি বন্ধু মোর।।

চন্দ্রচূড় মেঘের গায়
মরাল-মিথুন উড়িয়া যায়,
নেশা ধরে চোখে আলো-ছায়ায়
        বহিছে পবন গন্ধ-চোর।
        আসিবে আজি বন্ধু মোর।।

Behind the song

My song, I have
Bequeathed to your voice
Will this only live
As a token of love,
And will the rest perish ?
The heart-breaking anguish
That in the depth of my heart
Lies buried,
Have you ever
Discerned that
Behind the song ?

Perhaps, I had only sung
And seldom talked.
Were my songs mere dalliance,
And a vain bewilderment ?

When my heart was swept
By the tide,
Its murmurs echoed far and wide.

Sitting on the shore,
You in vain only listened
To the strain.
And my words never pierced
Through your heart ;
Merely as earrings they danced.

Oh, what a pity !
The moon that raises the tide
Never hears
That eternal murmur
On the sea side.

Alas, the *Been* fails
To hear the cadences
That behind the tune wails.

The fragrance of the
Bouquet of my songs
Never touched your heart.
String of words that
Rang out of my bosom,
Became a noose in your throat.

Forget, oh dear,
Why adore the flowers
That in the morning wither.

I know of your sojourn
At early dawn,
Enticed by the fragrance
Of the roses new-born,

Why should she care
For the thorny creeper
That bled to blossom,
And the tear-drops on the branches
That bloomed into flower.

While the flowers of union
You sought,
You played with the agony
Of my heart.

Oh forget my songs.
Of what use are they in this
Fleeting intimacy ?

I am only a garland
On your neck.
Your heart's contumacy.

May be some day
You will say,
Being near the neck
I was closer to the heart.

গানের আড়াল

তোমার কণ্ঠে রাখিয়া এসেছি মোর কণ্ঠের গান –
এইটুকু শুধু র'বে পরিচয় ? আর সব অবসান ?
অন্তর-তলে অন্তর-তর যে ব্যথা লুকায়ে রয়,
গানের আড়ালে পাও নাই তার কোনদিন পরিচয় ?

হয় তো কেবলি গাহিয়াছি গান, হয় তো কহিনি কথা,
গানের বাণী সে শুধু কি বিলাস, মিছে তার আকুলতা ?
হৃদয়ে কখন জাগিল জোয়ার, তাহারি প্রতিধ্বনি
কণ্ঠের তটে উঠেছে আমার অহরহ রণরণি', –
উপকূলে ব'সে শুনেছ সে সুর, বোঝ নাই তার মানে ?
বেঁধেনি হৃদয়ে সে সুর, দুলেছে দুল হয়ে শুধু কানে ?

হায় ভেবে নাই পাই –
যে চাঁদ জাগালো সাগরে জোয়ার, সেই চাঁদই শোনে নাই
সাগরের সেই কুলে' ফুলে' কাঁদা কূলে কূলে নিশিদিন ?
সুরের আড়ালে মূর্চ্ছনা কাঁদে, শোনে নাই তাহা বীণ ?
আমার গানের মালার সুবাস ছুঁল না হৃদয়ে আসি' ?
আমার বুকের বাণী হ'ল শুধু তব কণ্ঠের ফাঁসি ?

বন্ধু গো যেয়ো ভুলে' –
প্রভাতে যে হবে বাসি, সন্ধ্যায় রেখো না সে ফুলে তুলে'।
উপবনে তব ফোটে যে গোলাপ – প্রভাতেই তুমি জাগি'
জানি, তার কাছে যাও শুধু তার গন্ধ-সুষমা লাগি'।

যে কাঁটা-লতায় ফুটেছে সে-ফুল রক্তে ফাটিয়া পড়ি,
সারা জনমের ক্রন্দন যার ফুটিয়াছে শাখা ভরি'
দেখ' নাই তারে ! – মিলন-মালার ফুল চাহিয়াছ তুমি,
তুমি খেলিয়াছ বাজাইয়া মোর বেদনার ঝুমঝুমি !

ভোলো মোর গান, কি হবে লইয়া এইটুকু পরিচয়,
আমি শুধু তব কণ্ঠের হার, হৃদয়ের কেহ নয় !
জানায়ো আমারে, যদি আসে দিন, এইটুকু শুধু যাচি –
কণ্ঠ পারায়ে হয়েছি তোমার হৃদয়ের কাছাকাছি।

(চক্রবাক)

Life

An awakening pervades
The meadows and wilderness
Let not your slumber
Make it go in vain.
The lightning is beckoning
With thunder and rain.

The heaven is awake
The earth is awake
Oh, wake up for heaven's sake.

Beneath the earth
And under the feet
Those who lay dead
They shall now sprout
Like the green grass
With new blades.

A verdant earth is awaiting
The advent of a spring-shower.
The bud that the thunder
Failed to burst into blossom
Out of joy, it will now bloom.

জীবন

জাগরণের লাগল ছোঁয়াচ মাঠে মাঠে তেপান্তরে,
এমন বাদল ব্যর্থ হবে তন্দ্রা-কাতর কাহার ঘরে ?
তড়িৎ ত্বরা দেয় ইশারা, বজ্র হেঁকে যায় দরজায়,
জাগে আকাশ, জাগে ধরা – ধরার মানুষ কে সে ঘুমায় ?

মাটির নীচে পায়ের তলায় সেদিন যারা ছিল মরি',
শ্যামল তৃণাঙ্কুরে তা'রা উঠল বেঁচে নতুন করি'।
সবুজ ধরা দেখছে স্বপন আসবে কখন ফাগুন-হোলি,
বজ্রাঘাতে ফুটল না যে, ফুট্‌বে আনন্দে সে কলি !

Memory of parting

It was no chance encounter
On the side-walk, dear friend.
It was no roadside talk
And a sudden clasping of hands
At the end of the walk.

You opened
Moment after moment,
And the heart grew
Fonder and fonder.

It was no conquest
But the triumph of love.

You are not a king
Because of your throne.
You are a king
For the heart you own.

And when the time
Came to part
You were the one
Who was most hurt.

In the hearts of many
You will be a living agony,

You have been endeared
Through timeless intimacy,
So shall we meet again
For this was no
Roadside intimacy
To go in vain.

বিদায়-স্মরণে

পথের দেখা এ নহে গো বন্ধু
    এ নহে পথের আলাপন।
এ নহে সহসা পথ-চলাশেষে
    শুধু হাতে হাতে পরশন।।

নিমেষে নিমেষে নব পরিচয়ে
হ'লে পরিচিত মোদের হৃদয়ে,
আসনি বিজয়ী – এলে সখা হ'য়ে,
    হেসে হ'রে নিলে প্রাণ মন।।

রাজাসনে বসি হওনিক রাজা,
    রাজা হ'লে বসি' হৃদয়ে,
তাই আমাদের চেয়ে তুমি বেশি
    ব্যথা পেলে তব বিদায়ে।।

আমাদের শত ব্যথিত হৃদয়ে
জাগিয়া রহিবে তুমি ব্যথা হ'য়ে,
হ'লে পরিজন চির-পরিচয়ে –
    পুনঃ পাব তার দরশন,
    এ নহে পথের আলাপন।।

(সিন্ধু-হিন্দোল)

My desire

Within myself
I am in quest of thee
Who is dearer than me.

As if, her footsteps I hear
In my unsatiated desire.

In the firmament
Of my empty heart.
The swallow weeps
In eternal thirst.

Often the honey-sucker
Flamingo beams
In the twilight
Of my dreams.

In the wilderness
Of my mind
She descends like a cloud
Sublime and kind.

In the glow
Of the lightning
I find her
Glittering.

In the garden laid by me
With flowers I decked thee ;
I found to my dismay
The garland on my own neck sway.

আপন পিয়াসী

আমার আপনার চেয়ে আপন যে জন
         খুঁজি তারে আমি আপনায়
আমি শুনি যেন তার চরণের ধ্বনি
         আমারি তিয়াষী বাসনায়।।

         আমারই মনের তৃষিত আকাশে
         কাঁদে সে চাতক আকুল পিয়াসে,
         কভু সে চকোর সুধা-চোর আসে
                  নিশীথে স্বপনে জোছনায় ?

আমার মনের পিয়াল তমালে হেরি তারে স্নেহ-মেঘ শ্যাম
অশনি আলোক হেরি তারে থির-বিজুলি-উজল অভিরাম।

         আমারই রচিত কাননে বসিয়া
         পরাণু পিয়ারে মালিকা রচিয়া
         সে মালা সহসা দেখিনু জাগিয়া
                  আপনারি গলে দোলে হায়।।

(ছায়ানট)

Adorn her

How can I adorn her,
With one basketful of flowers ?
The sky is overcast
With her dishevelled
Cloudy hair,
Oh, how can I adorn her ?

Why have you, oh gardener,
Given me so few flowers,
That they should disappear
Before I could adorn her ?

Ketaki the monsoon's bride
Putting the veil aside,
Behind thorny, secret,
Woodland hides.

The unruly *Kamini* withers
Before I can touch her.
Drunk in her own fragrance
The tipsy *Chapa* dances.
The shameless damsel *Togor*
Looks with her big eyes,
But before she could wither
The poor *Bokul* dies.

তিলক-কামোদ-দেশ - কাওয়ালী

একডালি ফুলে ওরে সাজাব কেমন ক'রে।
মেঘে মেঘে এলোচুলে আকাশ গিয়াছে ভরে'।
                সাজাব কেমন ক'রে।।

কেন দিলে বনমালী এইটুকু বন-ডালি,
সাজাতে কি না সাজাতে কুসুম হইল খালি।
ছড়ায়েছে ফুলদল অভিমানে ডালি ধ'রে।।

কেতকী ভাদর-বধূ ঘোমটা টানিয়া কোণে
লুকায়েছে ফণি-ঘেরা গোপন কাঁটার বনে।
কামিনী ফুল মানা মানে না ছুঁতে পড়েছে ঝ'রে।।

গন্ধ-মাতাল চাঁপা দুলিছে নেশার ঝোঁকে,
নিলাজী টগর-বালা চাহিয়া ডাগর চোখে,
দেখিয়া ঝরার আগে বকুল গিয়াছে ম'রে।।

The victor

Oh my queen,
With you, in the end,
I suffer my defeat.
My conquered banner
Now trails under your feet.

My victorious, immortal sword
Is weary with time
And is heavy as a load.

I have been subdued,
Now this burden you must bear
This wreath of defeat
In your tresses you shall wear.

Oh, the goddess of my life,
Why does my presence
Which shakes the victors
Formidable shrines,
Make you shed tears ?

Today, at the crest
Of the rebels
Blood-soaked car,
The skirt of your
Blue *sari* flutters.

In the garland
I have gathered all the shafts.
Though a victor
I am swept by my tears.

বিজয়িনী

হে মোর রাণী ! তোমার কাছে হার মানি আজ শেষে।
আমার বিজয়-কেতন লুটায় তোমার চরণ-তলে এসে।
আমার সমর-জয়ী অমর তরবারী
দিনে দিনে ক্লান্তি আনে, হ'য়ে ওঠে ভারী,
এখন এ ভার আমার তোমায় দিয়ে হারি
এই হার-মানা-হার পরাই তোমার কেশে।।

ওগো জীবন দেবী !
আমায় দেখে কখন তুমি ফেল্‌লে চোখের জল,
আজ বিশ্বজয়ীর বিপুল দেউল তাইতে টলমল !
আজ বিদ্রোহীর এই রক্ত-রথের চূড়ে,
বিজয়িনী ! নীলাম্বরীর আঁচল তোমার উড়ে,

যত তূণ আমার আজ তোমার মালায় পুরে,
আমি বিজয়ী আজ নয়ন-জলে ভেসে।।

(ছায়ানট)

Forget me

Wipe your tears
And forget me forever.
Why remember the flowers
That in darkness wither ?

Filling your basket
With withered flowers
This trampelled garland
To whom shall you offer ?

The memories of sweet dreams
Forget them when awake ;
Those nightly apparitions
Forget them at day-break.

The cloud that gathered
At night in your courtyard.
Why look for it in vain
In the morn, in distant horizon ?

While you restfully slept
Through the night he wept ;
When you woke up again,
You looked for him in vain.
In what conceit, oh poet !

You quench your thirst with fire
When the clouds
In the distant wilderness appear ?

ভৈরবী – কাওয়ালী

এ আঁখি-জল মোছ পিয়া,
    ভোলো ভোলো আমারে।
মনে কে গো রাখে তা'রে
    ঝরে যে ফুল আঁধারে।।

ফোটা ফুলে ভরি' ডালা
    গাঁথ বালা মালিকা,
দলিত এ ফুল লয়ে
    দেবে গো বল কারে।।

স্বপনের স্মৃতি প্রিয়
    জাগরণে ভুলিও,
ভুলে যেয়ো দিবালোকে
    রাতের আলেয়ারে।।

ঝুরিয়া গেল যে মেঘ
    রাতে তব আঙিনায়,
বৃথা তা'রে খোঁজ প্রাতে
    দূর গগন-পারে।।

ঘুমায়েছ সুখে তুমি
    সে কেঁদেছে জাগিয়া,
তুমি জাগিলে গো যবে
    সে ঘুমায়ে ওপারে।।

আগুনে মিটালি তৃষা
    কবি কোন্ অভিমানে,
উদিল নীরদ যবে
    দূর বন-কিনারে।।

My river

Oh, my river
Of unfathomed water,
I am floating in you for ever ;
Your tidal bore
Has swept away my shore.

On a shoal I try
To settle in vain
I am swept away again.

A broken homestead
May be rebuilt again ;
A broken heart
Shall never regain.

The heart that ebbs out
Seldom flows in again.

When the river erodes,
It strikes one shore ;
When the heart breaks,
It shatters all the cores.

ভাটিয়ালী – কাহার্‌বা

আমার গহীন জলের নদী।
আমি তোমার জলে রইলাম ভেসে জনম অবধি।।

তোমার বানে ভেসে গেল আমার বাঁধা ঘর
চরে এসে বস্‌লাম রে ভাই ভাসালে সে চর।
এখন সব হারায়ে তোমার জলে রে
আমি ভাসি নিরবধি।।

আমার ঘর ভাঙিলে ঘর পাব ভাই
ভাঙ্‌লে কেন মন,
হারালে আর পাওয়া না যায়
মনের রতন।
জোয়ারে মন ফেরে না আর রে
(ও সে) ভাটিতে হারায় যদি।।

তুমি ভাঙ যখন কূল রে নদী
ভাঙ একই ধার,
আর মন যখন ভাঙ রে নদী
দুই কূল ভাঙ তার।
চর পড়ে না মনের কূলে রে
একবার সে ভাঙে যদি।।

Farewell

Do not cast that look
Again and again
With those tearful eyes --
Oh those eyes with pain !

In that plaintive tone
Do not sing those swan-songs.
If the agonies of your life
You could smile away,
Then smile and do not weep
On this parting day.

Those melancholy eyes,
And a weeping face
I look on
And my heart cries.

Oh traveller, do not fill
These fleeting hours
With a melancholy note
And flowing tears.

Oh piqued traveller,
Why do you think
No one shares your anguish ?
In your agony
you alone perish.

The forlorn traveller,
Who has lost his way,
No dweller of home
Wants him to stay.

Are you still hurt
By these scars in your heart ?

And those plaintive songs
From a *Baul* afar,
Agonise, in the barren field,
A lonely traveller ?

It is meaningless sentiment
And vain bewilderment.

Would you ever hear
That your parting words
Have shattered many hearts ?
And many a soul
Has broken into tears ?

You have not been loved
So you must part.
Go if you must,
But not with agony
In your heart.

বিদায় বেলা

তুমি অমন ক'রে গো বারে বারে জল ছল ছল চোখে চেয়ো না
জল ছল ছল চোখে চেয়ো না।
ঐ কাতর কণ্ঠে থেকে থেকে শুধু বিদায়ের গান গেয়ো না,
শুধু বিদায়ের গান গেয়ো না।।

হাসি দিয়ে যদি লুকালে তোমার সারা জীবনের বেদনা
আজও তবে শুধু হেসে যাও, আজ বিদায়ের দিনে কেঁদো না।
ঐ ব্যথাতুর আঁখি কাঁদো কাঁদো মুখ
দেখি, আর শুধু হুহু করে বুক।
চলার তোমার বাকী পথটুক্ –
পথিক। ওগো সুদূর পথের পথিক –
হায় অমন ক'রে ও অকরুণ গীতে আঁখির সলিলে ছেয়ো না,
ওগো আঁখির সলিলে ছেয়ো না।।

দূরের পথিক ! তুমি ভাব বুঝি
তব ব্যথা কেউ বোঝে না
তোমার ব্যথার তুমিই দরদী একাকী,
পথে ফেরে যারা পথ-হারা,
কোনো গৃহবাসী তারে খোঁজে না, –
বুকে ক্ষত হ'য়ে জাগে আজো সেই ব্যথা-লেখা কি ?
দূর বাউলের গানে ব্যথা হানে বুঝি শুধু ধূ ধূ মাঠে পথিকে ?
এযে মিছে অভিমান পরবাসী ! দেখে ঘর-বাসীদের ক্ষতিকে !

তবে জান কি তোমার বিদায়-কথায়
    কত   বুক-ভাঙা গোপন ব্যথায়
আজ   কতগুলি প্রাণ কাঁদিছে কোথায় –
পথিক ! ওগো অভিমানী দূর পথিক !
কেহ ভালোবাসিল না ভেবে যেন আজো
    মিছে ব্যথা পেয়ে যেয়ো না,
ওগো যাবে যাও, তুমি বুকে ব্যথা নিয়ে যেয়ো না।।

(ছায়ানট)

Dismal night

In this quiet midnight
Tears fill my eyes,
Who knows in my mind
Whose thoughts arise.

In my empty bosom
I am torn by despise.

A smouldering lamentation
And rumbling frustration.

My vain pangs of life
On this night I cannot bear
In the solitude of my bed
I lie choked with tears.

It was one of those
Lonely nights
When a hundred desires
Filled my heart
To fade away in vain
Like the drooping *Shefali*
Whose agony is enshrined
In *Purabi's* refrain.

ব্যথা নিশীথ

এই নীরব নিশীথ রাতে
শুধু জল আসে আঁখি পাতে।

কেন কি কথা স্মরণে রাজে ?
বুকে কার হতাদর বাজে ?
কোন্ ক্রন্দন হিয়া-মাঝে
ওঠে গুমরি ব্যর্থতাতে
আর জল ভরে আঁখি-পাতে।।

মম ব্যর্থ জীবন-বেদনা
এই নিশীথে লুকাতে নারি,
তাই গোপনে একাকী শয়নে
শুধু নয়নে উথলে বারি।
ছিল সেদিনো এমনি নিশা
বুকে জেগেছিলো শত তৃষা,
তারি ব্যর্থ নিশাস মিশা
ওই শিথিল শেফালিকাতে
আর পূরবীর বেদনাতে।।

(ছায়ানট)

The queen of poets

Your love has made a poet of me,
My beauty is but an image of thee.

The wind, the sky, the light
Of dawn,
All have stretched their hands
As their own.

The rising sun and the evening star
While parting from thee --
They all love because of
Your love for me.

In thy love
My own self lay hidden
At your advent
My desires surge unbidden.

With you glowing within me
My sword
Blazes forth a melody.

All my supplications
For thy worship
Are but reflections

Of thy heart.
My words, my laurels
Are all what thou art.

Your love has made a poet of me
My beauty is but an image of thee.

কবি-রাণী

তুমি আমায় ভালোবাস তাই তো আমি কবি।
আমার এ রূপ – সে যে তোমার ভালোবাসার ছবি।।
      আপন জেনে হাত বাড়ালো –
      আকাশ বাতাস প্রভাত-আলো,
      বিদায়-বেলার সন্ধ্যা-তারা
           পূবের অরুণ রবি –,
তুমি ভালোবাসো ব'লে ভালবাসে সবি ?

আমার আমি লুকিয়েছিল তোমার ভালোবাসায়,
আমার আশা বাইরে এলো তোমার হঠাৎ আসায়।
      তুমিই আমার মাঝে আসি
      অসিতে মোর বাজাও বাঁশি
      আমার পূজার যা আয়োজন
           তোমার প্রাণের হবি।
আমার বাণী জয়মাল্য, রাণী ! তোমার সবি।।
তুমি আমায় ভালোবাস তাই তো আমি কবি।
আমার এ রূপ – সে যে তোমার ভালোবাসার ছবি।।

(দোলন-চাঁপা)

Some forget

Some remember
Others forget,
The memories
That past begets.

Some weep
Struck with grief
Some sing
For relief.

Some feel,
In the clouds
The horror of
Thunder abounds.

Some usher
Into blossom
The dried up bower.

In the tender
Stalk of a lotus,
Some find
The thorn,
Others, the flower.

Some trample
Over the flowers,
Some wreathe
The garlands.

Some do not
Light the candles
In their nights
Of perpetual sorrow.

Some keep awake
With doors open
For the new
Moon of tomorrow.

মান্দ্‌-কাহার্‌বা

কেউ ভোলে না কেউ ভোলে
অতীত দিনের স্মৃতি।।
কেউ দুখ লয়ে কাঁদে,
কেউ ভুলিতে গায় গীতি।।

শীতল জল্‌দে
হেরে অশনির জ্বালা,
কেউ মুঞ্জরিয়া তোলে
তার শুষ্ক কুঞ্জ-বীথি।।

হেরে কমল-মৃণালে
কেউ কাঁটা কেহ কমল।
কেউ ফুল দলি চলে
কেউ মালা গাঁথে নিতি ।।

কেউ জ্বালে না আর আলো
তার চির-দুখের রাতে,
কেউ দ্বার খুলি' জাগে
চায় নব চাঁদের তিথি।।

(চোখের চাতক)

Why

Why must a thorn
The flower adorn ?
Why is a lotus born
With the prick of a thorn ?

Why in these eyes
Must sorrowful tears lie ?
Why must we have hearts
When love departs ?

Why instead of rain
The lightnings hound,
The swallows beckoned
Into the shadow of the cloud ?

If the buds appear,
Why must flowers wither ;
Why the tinsel of calumny
The brow of moon must wear ?

Why the yearning for beauty must
Weep, entrapped in lust ?
Would the cheek
Sans black mole
Look bleak ?

In this thorny bower,
Oh poet, paint your rosy picture.

Your abode lies
In the tears of your eyes.

বেহাগ - দাদরা

কেন দিলে এ কাঁটা
    যদি গো কুসুম দিলে
ফুটিত না কি কমল
    ও কাঁটা না বিঁধিলে।।

কেন এ আঁখি-কূলে
বিধুর অশ্রু দুলে,
কেন দিলে এ হৃদি
    যদি না হৃদয় মিলে।।

শীতল মেঘ-নীরে
ডাকিয়া চাতকীরে
নীর ঢালিতে শিরে
    বাজ কেন হানিলে।।

যদি ফুটালে মুকুল
কেন শুকাইলে ফুল,
কেন কলঙ্ক-টিপে
    চাঁদের ভুরু ভাঙিলে।।

কেন কামনা-ফাঁদে
রূপ-পিপাসা কাঁদে,
শোভিত না কি কপোল
    ও কালো তিল নহিলে।।

কাঁটা-নিকুঞ্জে কবি
এঁকে যা সুখের ছবি,
নিজে তুই গোপন র'বি,
    তোরি আঁখির সলিলে।।

Coward

I know,
Why you do not look back ;
You have left your abode
For the temple of God
To while away the time
With the dolls.

And to flitter the self away
Oh dear,
Not knowing that playing with hearts
Leads us to endless tears.

So great is the debt
When the eyes meet,
And the moments smack.
I know,
Why you do not look back.

I know,
Why you do not look back,
When the eyes get lost
In the eyes,
And the word slowly dies.

When you are all alone,
In the sanctum of your home
There is collyrium
In your bright eyes
And not the tears.
No deceit rings
In the anklets you wear.

As you walk,
I know,
Why you do not look back.

I know,
Why you do not look back,
When no creepers
On your feet roll
As you stroll,
In the wilderness.
You plucked flowers
In sheer absent-mindedness,
Without hurting your fingers.

Not knowing the truth either,
That, with the garlands
The heart also withers.
Not knowing that
Behind a scurrilous mouth,
A loneliness lurks.
I know,
Why you do not look back.

I am conscious
Of your deceitfulness and skill
But you never knew, indeed
That on your cheeks,
There is a hue
Of pomegranate seeds.

Never knew that,
The timid hearts of women,
Like a creeper laden with a bee,
For those untold words and the denials
Shiver in agony.

And as much as the eye wails
The modesty prevails ;
I know you coward,
Why you wander.
It is your own image
That you unwittingly fear.

Of man, you have known,
And he is a stone
To whom you never bowed.

You have desired
A pair of covetous hands
And bowed to touch the feet,
Not knowing though
A heart becomes a touch-stone
With another touch on it.
I know coward
Why you wander.

I know what is your fear
When the desires of the heart
In the two shores of body whisper.

The fragrance of
A blooming heart
The petals can never thwart.
However much you wish to hide,
It breaks far and wide.

All the secret words
Have gathered in you dear
I know what is your fear.

I know,
Why you cannot say openly ;
The nightingale has carried
The message secretly.

The words you wanted to hear,
How did she know of it, oh dear ?
The same words
The bride murmured
Gently raising her eyes ;
Who knew that in her cruel fingers
Such magic lies.

I know,
Why you cannot say openly.

I know,
Why no ornaments you wear
The flame of agony
Has burnt your flesh
Into gold oh dear !

To adorn a doll
Of clay with attire ?
Why should gold
Mere gold desire ?

Leaving the shores of the body
The mind seeks purity.
The agony of mine, oh dear.
Now adorns your beauty
I know,
Why no ornament you wear.

I know
They will not abide ;
The maiden
Who slept in the night
Woke up as a bride.

She swims with the foam
Not really knowing
The oyster's home.
The pearl you have found
But the shell of the eyes
In the tears got drowned.
When the burden
Is too heavy to bear,
The heart also sinks
In utter despair.

Oh unlucky woman !
How shall you make it clear ?

ভীরু

আমি জানি তুমি কেন চাহনাক ফিরে।
গৃহকোণ ছাড়ি' আসিয়াছ আজ দেবতার মন্দিরে
    পুতুল লইয়া কাটিয়াছে বেলা
    আপনারে ল'য়ে শুধু হেলা-ফেলা,
জানিতে না, আছে হৃদয়ের খেলা আকুল নয়ন-নীরে,
এত বড় দায় নয়নে নয়নে নিমিষের চাওয়া কি রে ?
    আমি জানি তুমি কেন চাহনাক ফিরে।।

আমি জানি তুমি কেন চাহনাক ফিরে।
জানিতে না আঁখি আঁখিতে হারায় ডুবে যায় বাণী ধীরে,
    তুমি ছাড়া আর ছিলনাক কেহ
    ছিল না বাহির ছিল শুধু গেহ,
কাজল ছিল গো জল ছিল না ও উজল আঁখির তীরে।
সে দিনো চলিতে ছলনা বাজেনি ও-চরণ-মঞ্জীরে !
    আমি জানি তুমি কেন চাহনাক ফিরে।।

আমি জানি তুমি কেন কহনাক কথা।।
সে দিনো তোমার বনপথে যেতে পায়ে জড়াত না লতা।
    সে দিনো বেভুল তুলিয়াছ ফুল
    ফুল বিঁধিতে গো বিঁধেনি আঙুল,
মালার সাথে যে হৃদয়ও শুকায় জানিতে না সে বারতা
জানিতে না, কাঁদে মুখর মুখের আড়ালে নিঃসঙ্গতা।
    আমি জানি তুমি কেন কহনাক কথা।।

আমি জানি তব কপটতা, চতুরালি।
তুমি জানিতে না, ও কপোলে থাকে ডালিম দানার লালী।
        জানিতে না ভীরু রমণীর মন
            মধুকর-ভারে লতার মতন
কেঁপে মরে কথা কণ্ঠ জড়ায়ে নিষেধ করে গো খালি,
আঁখি যত চায় তত লজ্জায় লজ্জা পাড়ে গো গালি !
        আমি জানি তব কপটতা, চতুরালি !

        আমি জানি, ভীরু ! কিসের এ বিস্ময়।
জানিতে না কভু নিজেরে হেরিয়া নিজেরি করে যে ভয়।
        পুরুষ পরুষ – শুনেছিলে নাম ;
            দেখেছ পাথর করনি প্রণাম,
প্রণাম ক'রেছ লুব্ধ দু-কর চেয়েছে চরণ-ছোঁয়।
জানিতে না, হিয়া পাথর পরশি' পরশ-পাথরও হয় !
        আমি জানি, ভীরু ! কিসের এ বিস্ময়।

        কিসের তোমার শঙ্কা এ, আমি জানি।
পরানের ক্ষুধা দেহের দু-তীরে করিতেছে কানাকানি।
        বিকচ বুকের বকুল-গন্ধ
            পাপড়ি রাখিতে পারে না বন্ধ,
যত আপনারে লুকাইতে চাও হয় জানাজানি
অপাঙ্গে আজ ভিড় করেছে গো লুকানো যতেক বাণী।
        কিসের তোমার শঙ্কা এ, আমি জানি।।

আমি জানি, কেন বলিতে পার না খুলি।
গোপনে তোমায় আবেদন তার জানায়েছে বুলবুলি।
    যে-কথা শুনিতে মনে ছিল সাধ
    কেমনে সে পেল তারি সংবাদ ?
সেই কথা বঁধু তেমনি করিয়া বলিল নয়ন তুলি।
কে জানিত এত যাদু-মাখা তার ও কঠিন অঙ্গুলি।
    আমি জানি, কেন বলিতে পার না খুলি।।

আমি জানি, তুমি কেন যে নিরাভরণা,
ব্যথার পরশে হয়েছে তোমার সকল অঙ্গ সোনা।
    মাটির দেবীরে পরায় ভূষণ
    সোনার সোনায় কিবা প্রয়োজন ?
দেহ-কূল ছাড়ি নেমেছে মনের অকূল নিরঞ্জনা।
বেদনা আজিকে রূপেরে তোমার করিতেছে বন্দনা।
    আমি জানি, তুমি কেন যে নিরাভরণা।।

আমি জানি, ওরা বুঝিতে পারে না তোরে।
নিশীথে ঘুমালে কুমারী বালিকা, বধূ জাগিয়াছে ভোরে।
    ওরা সাঁতারিয়া ফিরিতেছে ফেনা
    শুক্তি যে ডোবে – বুঝিতে পারে না !
মুক্তা ফলেছে – আঁখির ঝিনুক ডুবেছে আঁখির লোরে।
বোঝা কত ভার হ'লে, – হৃদয়ের ভরাডুবি হয়, ওরে,
    অভাগিনী-নারী বুঝাবি কেমন করে।।

(জিঞ্জির)

March forward on

March forward, on !
Up in the sky the drums beat,
The strained earth beneath it
Youths of the sunny morn
March forward, on.

We strike hard at the door of dawn
We augur a crimson morn,
We shatter the blinding nights
And the invincible *Bindhachalya*.

We sing of a new awakening
We revive the dead enduring
We infuse a life radiant
And gallant strength to arms.

Proclaim, oh lively youth
Listen ye all, to this truth,
Life looms eternal
At the gates of death.

Break off, smash the shackle,
Youth of the sunny morn.
March forward, on.

চল্ চল্ চল্

কোরাস ঃ--

চল্ চল্ চল্ !
ঊর্দ্ধ গগনে বাজে মাদল
নিম্নে উতলা ধরণী-তল,
অরুণ প্রাতের তরুণ দল
চল্ রে চল্ রে চল্
চল্ চল্ চল্ ।।

ঊষার দুয়ারে হানি' আঘাত
আমরা আনিব রাঙা প্রভাত,
আমরা টুটাব তিমির রাত,
বাধার বিন্ধ্যাচল ।
নব নবীনের গাহিয়া গান
সজীব করিব মহাশ্মশান,
আমরা দানিব নতুন প্রাণ
বাহুতে নবীন বল ।
বল্ রে নৌ-জোয়ান,
শোন্ রে পাতিয়া কান --
মৃত্যু-তোরণ-দুয়ারে-দুয়ারে
জীবনের আহ্বান ।
ভাঙ্‌রে ভাঙ্ আগল,
চল্ রে চল্ রে চল্
চল্ চল্ চল্ ।।

Khayyam's lyrics

At the dawn of the world,
When I was first created,
You knew the life to be
And what was fated.

If up to the paths of sin,
You ever guide,
Then why this fright of hell ?
Who will such verdict abide ?

If, oh compassionate,
You are kind for kindness's sake,
Why for his failings
Did Adam you forsake ?

To your beloved
Your love you bestow,
For that is what you owe.
Let your bosom
Also the sinners bind
So that they may
Call you kind.

ওমর খৈয়াম গীতি

সিন্ধু কাফি – কাওয়ালী

সৃজন-ভোরে প্রভু মোরে সৃজিলে গো প্রথম যবে।
(তুমি) জান্‌তে আমার ললাট-লেখা, জীবন আমার
কেমন হবে

তোমারি সে নিদেশ প্রভু,
যদিই গো পাপ করি কভু,
নরক-ভীতি দেখাও তবু, এমন বিচার কেউ কি স'বে।।

করুণাময় তুমি যদি দয়া কর দয়ার লাগি'
ভুলের তরে 'আদমেরে' করলে কেন স্বর্গ-ত্যাগী !
ভক্তে বাঁচাও দয়া দানি'
সে ত গো তার পাওনা জানি,
পাপীরে লও বক্ষে টানি' করুণাময় কইবে তবে।।

ACKNOWLEDGEMENT

The Translator and the Publisher Bangladesh Youth and Cultural Shomiti Leicester acknowledge with deep sense of gratitude the contribution made by the donors in Leicester, South Wales, Bermuda, Munich and the organization in Leicester, London and Derbyshire without which the Publication of the book would not have been possible.

The sale proceeds of this publication shall go to Bangladesh Youth and Cultural Shomiti Kazi Nazrul Birth Centenary Celebration Fund.

Glossary of Bangla Words

Bakul	-	A pale-yellow tiny flower with a strong fragrance.
Baul	-	Wandering minstrel.
Been/Vina	-	Indian flute.
Bindhachalaya	-	The Bindha mountains in India.
Chapa	-	A light-yellow flower with a strong fragrance.
Dhutura	-	A poisonous herb.
Dulali	-	An endearment for a loving daughter.
Kamini	-	A flower with white petals and mild fragrance.
Ketaki	-	Screwpine plant and flower.
Lakshmi	-	Goddess of wealth and prosperity.
Purabi	-	A tune *(raga)* rendered in the evening.
Sanai	-	A musical instrument which has a romantic but pathetic tune symbolic of the wedding ceremony.
Sari	-	Traditional dress of women in the Indian Subcontinent.
Shefali/Shefalika	-	A small autumn flower with white petals and yellow stalk that blossoms at night and drops at early dawn
Togor	-	A white flower.